AF186378

Tucholsky Wagner Scott Zola Sydow Schlegel
Turgenev Fonatne Freud
Wallace
Twain Walther von der Vogelweide Fouqué Friedrich II. von Preußen
Weber Freiligrath
Fechner Weiße Rose von Fallersleben Kant Ernst Frey
Fichte Richthofen Frommel
Hölderlin
Fehrs Engels Fielding Eichendorff Tacitus Dumas
Faber Flaubert
Maximilian I. von Habsburg Fock Eliasberg Ebner Eschenbach
Feuerbach Eliot Zweig
Ewald Vergil
Goethe Elisabeth von Österreich London
Mendelssohn Balzac Shakespeare Dostojewski Ganghofer
Trackl Lichtenberg Rathenau Doyle Gjellerup
Mommsen Stevenson Tolstoi Lenz Hambruch Droste-Hülshoff
Thoma von Arnim Hanrieder
Dach Verne Hägele Hauff Humboldt
Reuter Rousseau Hagen Hauptmann Gautier
Karrillon Garschin
Defoe Baudelaire
Damaschke Hebbel
Descartes Hegel Kussmaul Herder
Wolfram von Eschenbach Schopenhauer Rilke George
Bronner Darwin Dickens Grimm Jerome Bebel
Melville Proust
Campe Horváth Aristoteles
Bismarck Vigny Barlach Voltaire Federer Herodot
Gengenbach Heine
Storm Casanova Tersteegen Grillparzer Georgy
Chamberlain Lessing Langbein Gilm Gryphius
Brentano Lafontaine
Strachwitz Claudius Schiller Kralik Iffland Sokrates
Katharina II. von Rußland Bellamy Schilling
Gerstäcker Raabe Gibbon Tschechow
Löns Hesse Hoffmann Gogol Wilde Vulpius
Luther Heym Hofmannsthal Klee Hölty Morgenstern Gleim
Roth Heyse Klopstock Kleist Goedicke
Luxemburg Puschkin Homer Mörike Musil
Machiavelli La Roche Horaz
Kierkegaard Kraft Kraus
Navarra Aurel Musset
Nestroy Marie de France Lamprecht Kind Kirchhoff Hugo Moltke
Laotse Ipsen Liebknecht
Nietzsche Nansen Marx Lassalle Gorki Klett Ringelnatz
von Ossietzky Leibniz
May vom Stein Lawrence Irving
Petalozzi Platon Knigge
Sachs Pückler Michelangelo Kock Kafka
Poe Liebermann
de Sade Praetorius Mistral Zetkin Korolenko

Gedanken und Einfälle

Heinrich Heine

Impressum

Autor: Heinrich Heine
Umschlagkonzept: toepferschumann, Berlin

Verlag: tradition GmbH, Hamburg
ISBN: 978-3-8424-9039-0
Printed in Germany

Heinrich Heine

Gedanken und Einfälle

Die nachstehenden Aphorismen sind aus den Nachlaßpapieren Heine's gesammelt und verdanken ihre Entstehung der Gewohnheit des Dichters, jeden Gedanken, der ihm spätere Verarbeitung würdig erschien, in der Form, wie ihn der Augenblick erzeugte, einzeln zu Papier zu bringen.

Der Herausgeber.

I. Persönliches

Um meine Wiege spielten die letzten Mondlichter des achtzehnten und das erste Morgenrot des neunzehnten Jahrhunderts.

Die Mutter erzählt, sie habe während ihrer Schwangerschaft im fremden Garten einen Apfel hängen sehen, ihn aber nicht abbrechen wollen, damit ihr Kind kein Dieb werde. Mein Leben hindurch behielt ich ein geheimes Gelüste nach schönen Äpfeln, aber verbunden mit Respekt vor fremden Eigentum und Abscheu vor Diebstahl.

Ich habe die friedlichste Gesinnung. Meine Wünsche sind: eine bescheidene Hütte, ein Strohdach, aber ein gutes Beet, gutes Essen, Milch und Butter, sehr frisch, vor dem Fenster Blumen, vor der Tür einige schöne Bäume, und wenn der liebe Gott mich ganz glücklich machen will, läßt er mich die Freude erleben, daß an diesen Bäumen etwa sechs bis sieben meiner Feinde aufgehängt werden. Mit gerührtem Herzen werde ich ihnen vor ihrem Tode alle Unbill verzeihen, die sie mir im Leben zugefügt – Ja, man muß seinen Feinden verziehen, aber nicht früher, als bis sie gehenkt worden.

Ich bin nicht vindikativ – ich möchte gern meine Feinde lieben; aber ich kann sie nicht lieben, ehe ich mich an ihnen gerächt habe – dann erst öffnet sich ihnen mein Herz. Solange man sich nicht gerächt, bleibt immer eine Bitterkeit im Herzen zurück.

Daß ich Christ ward, ist die Schuld jener Sachsen, die bei Leipzig plötzlich umsattelten, oder Napoleon's, der doch nicht nötig hatte, nach Rußland zu gehen, oder seines Lehrers, der ihm zu Brienne Unterricht in der Geographie gab und ihm nicht gesagt hat, daß es zu Moskau im Winter sehr kalt ist.

Wenn Montalembert Minister wird und mich von Paris fortjagen wollte, würde ich katholisch werden – *Paris vaut bien une messe!*

Ich ließ mich nicht naturalisieren, aus Furcht, daß ich alsdann Frankreich weniger lieben würde, wie man für eine Maitresse kühler wird, sobald man bei der Mairie ihr legal angetraut worden. Ich werde mit Frankreich in wilder Ehe fortleben.

Mein Geist fühlt sich in Frankreich exiliert, in eine fremde Sprache verbannt.

Gott wird mir die Torheiten verzeihen, die ich über ihn vorgebracht, wie ich meinen Gegnern die Torheiten verzeihe, die sie gegen mich geschrieben, obgleich sie geistig so tief unter mir standen, wie ich unter dir stehe, o mein Gott!

II. Religion und Philosophie

Die Erde ist der große Felsen, woran die Menschheit, der eigentliche Prometheus, gefesselt ist und vom Geier des Zweifels zerfleischt wird. Sie hat das Licht gestohlen und leidet nun Martern dafür.

Kunst und Philosophie, das Bild und der Begriff, wurden erst durch die Griechen voneinander getrennt. Die Verschmelzung derselben in der Religion ging beiden voran.

Der Gedanke der Persönlichkeit Gottes als Geist ist ebenso absurd wie der rohe Anthropomorphismus, denn die geistigen Attribute bedeuten nichts und sind lächerlich ohne die körperlichen.

Der Gott der besten Spiritualitäten ist eine Art von luftleerem Raume im Reiche des Gedankens, angestrahlt von der Liebe, die wieder ein Abglanz der Sinnlichkeit.

Der Engel, der Karrikaturen malt, ist ein Bild des Pantheisten, der seinen Gott in der Brust trägt.

Der Gedanke ist die unsichtbare Natur, die Natur der sichtbare Gedanke.

Im Altertume gab es keinen Gespensterglauben. Die Leiche wurde verbrannt, der Mensch entschwand als Rauch in die Höhe, er ging auf in dem reinsten, geistigsten Element, im Feuer. Bei den Christen wird der Leib (aus Hohn oder Verachtung?) der Erde zurückgegeben – er ist wie das Korn, und sproßt wieder hervor als Gespenst (ein körperlicher Leib wird gesäet, ein geistiger entsproßt) – er behält die Schauer der Verwesung.

Gott hat nichts manifestiert, was auf eine Fortdauer nach dem Tode hinwiese; auch Moses redet nicht davon. Es ist Gott vielleicht gar nicht recht, daß die Frommen die Fortdauer so fest annehmen – In seiner väterlichen Güte will er uns vielleicht damit eine Surprise machen.

Bei keinem Volke ist der Glaube an Unsterblichkeit stärker gewesen wie bei den Kelten; man konnte Geld bei ihnen geliehen bekommen, um es in der anderen Welt wieder zu geben. Fromme christliche Wucherer sollten sich daran spiegeln!

Irdisches gewährte und verhieß das Heidentum, und darum pflegten die Glücklichen, welchen die Erfüllung ihrer Wünsche und das Gelingen ihrer Werke von dem Walten gnadenreicher Götter und von der Gunst derselben zeugte, frömmere Götterdiener als die Unglücklichen zu sein. Vgl. Aristoteles' *Rhetoric, Lib. II, cap. 17, p. 240. Tom Individualität, ed. Bipont.*

Der verzweiflungsvolle Zustand der Menschheit zur Zeit der Zäsaren erklärt den Succeß des Christentums. Der Selbstmord der stolzen Römer, welche auf einmal die Welt aufgaben, war so häufig in jener Zeit. Wer den Mut nicht hatte, auf einmal von der Welt Abschied zu nehmen, ergriff den langsamen Selbstmord der Entsagungsreligionen. (Christi Passion war ja ebenfalls eine Art Selbstmord.) Sklaven und unglückliches Volk waren die ersten Christen; durch ihre Menge und den neuen Fanatismus wurden sie eine Macht, die Konstantin begriff, und der römische Weltherrschaftsgeist bemächtigte sich bald derselben, und disziplinierte sie durch Dogma und Kultus.

Bei der Polemik zwischen Christen und heidnischen Philosophen vertauschen die Gegner oft im Kampfgetümmel die Waffen: hier sehen wir einen christlichen Versehungshelm auf dem Haupte des Griechen, dort ein griechisches Götterschwert in der Hand des

Christen Ketzereien entspringen, Glaubenshelden verfallen in Irrtum und Zweifel.

Die Apolegeten des Christentums mußten in ihrem Kampfe gegen das Heidentum um so eher sich auf das Feld der Philosophen hinaus wagen, da die Philosophie damals (von Max Aurel bis Julian) auf dem Throne saß – durch Polemik arbeitet sich das Dogma aus.

Unterschied des Heidentums (der Inder, Perser) vom Judentum: Sie haben alle ein unendliches, ewiges Urwesen, aber dieses ist bei jenen in der Welt, mit welcher es identisch, und es entfaltet sich mit dieser aus dem Gesetze der Notwendigkeit – der Gott der Juden ist außer der Welt und erschafft sie durch einen Akt des freien Willens.

Judentum – Aristokratie: Ein Gott hat die Welt erschaffen und regiert sie; alle Menschen sind seine Kinder, aber die Juden sind seine Lieblinge und ihr Land ist sein auserwähltes Dominium. Er ist ein Monarch, die Juden sind der Adel, und Palästina ist das Exarchat Gottes.

Christentum – Demokratie: Ein Gott, der alles erschaffen und regiert, aber alle Menschen gleich liebt und alle Reiche gleich beschützt. Er ist kein Nationalgott mehr, sondern ein universeller.

Das Christentum tritt auf zur Tröstung: Die, welche in diesem Leben viel Glück genossen, werden im künftigen davon eine Indigestion haben – die, welche zu wenig gegessen, werden nachträglich das beste Gastmahl aufgetischt finden; die irdischen Prügelflecken werden von den Engeln gestreichelt werden.

Die, welche den Kelch der Freuden hienieden getrunken, bekommen dort oben den Katzenjammer.

Im Christentume kommt der Mensch zum Selbstbewußtsein des Geistes durch den Schmerz – Krankheit vergeistigt selbst die Tiere.

Das Christentum wußte die blaue Luft der Provence zu entheitern und erfüllte sie mit seinem Glockengeläute.

Beim Anblick eines Domes

Sechshundert Jahr' wurde dran gebaut, und du genießest in einem Augenblick die Ruhe nach einer sechshundertjährigen Arbeit. Wie Meereswellen sind die Generationen daran vorbei gewogt, und noch kein Stein ist bewegt worden. Das Mausoleum des Katholizismus, das er sich noch bei Lebzeiten bauen lassen, ist die steinerne Hülle eines erloschenen Gefühls – (ironisch droben die Uhr). – Drinnen in diesem Steinhause blühte einst ein lebendiges Wort, drinnen ist es tot und lebt nur noch in der äußeren Steinrinde. (Hohler Baum.)

In der Kirche

Wehmütiger Orgelton, die letzten Sterbeseufzer des Christentums.

Verehrung für Rom

Wie mancher ging aus, die Kirche zu schmähen, zu befinden, und änderte plötzlich seinen Sinn und kniete nieder und betete an. Es ging manchen wie Bileam, dem Sohne Boer's, der Israel zu fluchen auszog und gegen seine Absicht es segnete. Warum? Und doch hatte er nur die Stimme seines Esels gehört.

Die Toren meinen, um das Kapitol zu erobern, müsse man zuerst die Gänse angreifen.

Die katholischen Schriftsteller haben gute Kriegswerkzeuge, wissen sie aber nicht zu gebrauchen. Wie die Chinesen haben sie gute

Kanonen, auch Pulver und Kugeln, aber Schießen ist eine andere Sache. Sie sind Kinder mit großen Säbeln, die sie nicht aufheben können; mit Helmen, die ihnen den Kopf eindrücken. Und gar die Kanonen wissen sie erst recht nicht zu handhaben.

Die römische Kirche mißtraut ihren modernen Seiden – sie fürchtet, daß so ein Eiferer, statt den Pantoffel zu küssen, ihr in den Fuß beiße mit rasender Inbrunst.

Die römische Kirche stirbt an jener Krankheit, wovon niemand genest: Erschöpfung durch die Macht der Zeit. Weise, wie sie ist, lehnt sie alle Ärzte ab: sie hat in ihrer langen Praxis so manchen Greis schneller als nötig sterben sehen, weil ein energischer Arzt ihn kurieren wollte. Doch wird ihre Agonie noch lange dauern. Sie wird uns alle überleben, den Schreiber dieses Artikels, den Druck, der ihn setzt, selbst den kleinen Lehrjungen, der die Druckbogen abholt.

Die Juden waren die einzigen, die bei der Christlichwerdung Europa's sich ihre Glaubensfreiheit behaupteten.

Judäa, dieses protestantische Ägypten.

Die Germanen ergriffen das Christentum aus Wahlverwandtschaft mit dem jüdischen Moralprinzip, überhaupt dem Judaismus. Die Juden waren die Deutschen des Orients, und jetzt sind die Protestanten in den germanischen Ländern (in Schottland, Amerika, Deutschland, Holland) nichts anderes als altorientalische Juden.

Der Judenhaß beginnt erst mit der romantischen Schule, mit der Freude am Mittelalter, Katholizismus, Adel, gesteigert durch die Teutomanen (Rühs).

Die jüdische Geschichte ist schön; aber die jungen Juden schaden den alten, die man weit über die Griechen und Römer setzen würde. Ich glaube: gäbe es keine Juden mehr und man wüßte, es befände sich irgendwo ein Exemplar von diesem Volk, man würde hundert Stunden reisen, um es zu sehen und ihm die Hände zu drücken – und jetzt weicht man uns aus!

Die Geschichte der neueren Juden ist tragisch, und schrieb man über dieses Tragische, so wird man noch ausgelacht – das ist das Allertragischste.

Es ist charakteristisch für den Hamburger Judenkrawall (im September 1830), daß die Revolutionäre erst ihr Tagesgeschäft vollendeten und eine Abendrevolution machten.

Ich war bei Van Aken während des Tumults: Der Löwe war am ruhigsten, vornehm indigniert, die Affen freuten sich, die Schlangen wanden sich, die Hyäne war unruhig gierig, der Eisbär streckte sich bequem hin und wartete, das Chamäleon veränderte jeden Augenblick die Farbe, rot, blau, weiß, endlich sogar dreifarbig – die Tiere sahen menschlich vernünftig aus, im Gegensatz zu den Menschen, die tierisch wild rasten.

Ein Jude sagte zum andern: »Ich war zu schwach.« Dies Wort empfiehlt sich als Motto zu einer Geschichte des Judentums.

Eine Phryne, welche am Dammtor stand, sagte: »Wenn heute die Juden beleidigt werden, so geht's bald gegen den Senat, und endlich gegen uns.« Kassandra der Drehbahn, wie bald gingen deine Worte in Erfüllung!

Seid ganz tolerant oder gar nicht, geht den guten Weg oder den bösen; um am Scheidewege zagend stehend zu bleiben, dazu seid ihr zu schwach – dies vermochte kein Herkules, und er mußte sich für einen der Wege bald entscheiden.

Der Taufzettel ist das Entréebillett zur europäischen Kultur.

Ich liebe sie (die Juden) persönlich.

B. Wenn ich von dem Stamme wäre, dem unser Heiland entsprossen, ich würde mich dessen eher rühmen als schämen.

A. Ach, das tät' ich auch, wenn unser Heiland der einzige wäre, der diesem Stamm entsprossen – aber es ist demselben so viel Lumpengesindel ebenfalls entsprossen, daß diese Verwandtschaft anzuerkennen sehr bedenklich war.

Die Juden, wenn sie gut, sind sie besser, wenn sie schlecht, sind sie schlimmer als die Christen.

Für das Porzellan, das die Juden einst in Sachsen kaufen mußten, bekommen die, welche es behielten, jetzt den hundertfachen Wert bezahlt. – Am Ende wird Israel für seine Opfer entschädigt durch die Anerkennung der Welt, durch Ruhm und Größe.

Die Juden – dieses Volk-Gespenst, das bei seinem Schatze, der Bibel, unabweisbar wachte! Vergebens war der Exorzismus – Deutsche haben ihn.

Ist die Mission der Juden geendigt? Ich glaube: wenn der weltliche Heiland kommt: Industrie, Arbeit, Freude. Der weltliche Heiland kommt auf einer Eisenbahn, Michel bahnt ihm den Weg, Rosen werden gestreut auf seinen Pfaden.

Wie viel hat Gott schon getan, um das Weltübel zu heilen! Zu Mosis Zeit tat er Wunder über Wunder, später in der Gestalt Christi ließ er sich sogar geißeln und kreuzigen, endlich in der Gestalt Enfantin's tat er das Ungeheuerste, um die Welt zu retten: er machte sich lächerlich – aber vergebens! Am Ende erfaßte ihn vielleicht der Wahnsinn der Verzweiflung, und er zerschellt sein Haupt an der Welt, und er und die Welt zertrümmern.

Das Heidentum endigt, sobald die Götter von den Philosophen als Mythen rehabilitiert werden. Das Christentum ist auf demselben Punkt gelangt, Strauß ist der Porphyrius unserer Zeit.

Es sind in Deutschland die Theologen, die dem lieben Gott ein Ende machen – *on n'est jamais trahi que par les siens.*

In Deutschland wird das Christentum gleichzeitig in der Theorie gestürzt und in den Tatsachen: Ausbildung der Industrie und des Wohlstandes.

Die Philosophen zerstörten in ihrem Kampfe gegen die Religion die heidnische, aber eine neue, die christliche, stieg hervor. Auch diese ist bald abgefertigt, doch es kommt gewiß eine neue, und die Philosophen werden wieder neue Arbeit bekommen, jedoch wieder vergeblich: die Welt ist ein großer Viehstall, der nicht so leicht wie der des Augias gereinigt werden kann, weil, während gefegt wird, die Ochsen drin bleiben und immer neuen Mist anhäufen.

In dunklen Zeiten wurden die Völker am besten durch die Religion geleitet, wie in stockfinstrer Nacht ein Blinder unser bester Wegweiser ist; er kennt Wege und Stege besser als ein Sehender. – Es ist aber töricht, sobald es Tag ist, noch immer die alten Blinden als Wegweiser zu gebrauchen.

Wie die Männer der Wissenschaft während der mittelalterlich christlichen Periode aus der Bibel heraus die wissenschaftlichen Wahrheiten zu entdeckten suchten, so suchen jetzt die Männer der Religion die theologischen Wahrheiten in der Wissenschaft zu entdecken, in der Geschichte, in der Philosophie, in der Physik: die Dreieinigkeit in der indischen Mythologie, die Inkarnationslehre in der Logik, die Sündflut in der Geologie usw.

Bei den früheren Religionen wurde der Geist der Zeit durch einzelne ausgesprochen und durch Mirakel bestätigt. Bei den jetzigen Religionen wird der Geist der Zeit durch viele ausgesprochen und bestätigt durch die Vernunft. Jetzt gibt es keine Mirakel mehr, nachdem die Physik ausgebildet worden; Oken sieht dem lieben Gott auf die Finger, und dieser will nicht mit Bosko rivalisieren.

Jede Religion gewährt auf ihre Art Trost im Unglück. Bei den Juden die Hoffnung: »Wir sind in der Gefangenschaft, Jehovah zürnt uns, aber er schickt einen Retter.« Bei den Mohamedanern Fatalismus: »Keiner entgeht seinem Schicksal, es steht oben geschrieben auf Steintafeln, tragen wir das Verhängte mit Ergebung, Allah il Allah!« Bei den Christen spiritualistische Verachtung des Angenehmen und der Freude, schmerzsüchtiges Verlangen nach dem Himmel, auf Erden Versuchung des Bösen, dort oben Belohnung. – Was bietet der neue Glauben?

Die Herrlichkeit der Welt ist immer adäquat der Herrlichkeit des Geistes, der sie betrachtet. Der Gute findet hier sein Paradies, der Schlechte genießt schon hier seine Hölle.

Unsere Moralbegriffe schweben keineswegs in der Luft: die Veredlung des Menschen, Recht und Unsterblichkeit haben Realität in der Natur. Was wir Heiliges denken, hat Realität, ist kein Hirngespinst.

Heilige wie der Stylit sind jetzt unmöglich, da die Philanthropie sie gleich in einer Irrenanstalt unterbringen würde.

Gibt's in der Geschichte auch Tag und Nacht wie in der Natur? – Mit dem dritten Jahrhundert des Christentums beginnt die Dämmerung, wehmütiges Abendrot der Neoplatoniker, das Mittelalter war dicke Nacht, jetzt steigt das Morgenlicht herauf – ich grüße dich, Phöbus Apollo! Welche Träume in jener Nacht, welche Gespenster, welche Nachtwandler, welcher Straßenlärm, Mord und Totschlag – ich werde davon erzählen.

Ich sehe die Wunder der Vergangenheit klar. Ein Schleier liegt auf der Zukunft, aber ein rosenfarbiger, und hindurch schimmern goldene Säulen und Geschmeide und klingt es süß.

III. Kunst und Literatur.

Ein Buch will seine Zeit wie ein Kind. Alle schnell in wenigen Wochen geschriebenen Bücher erregen bei mir ein gewisses Vorurteil gegen den Verfasser. Eine honette Frau bringt ihr Kind nicht vor dem neunten Monat zur Welt.

Dem Dichter wird während des Dichtens zumute, als habe er, nach der Seelenwanderungslehre der Pythagoräer, in den verschiedensten Gestalten ein Vorleben geführt – Intuition ist wie Erinnerung.

Eine Philosophie der Geschichte war im Altertum unmöglich. Erst die Jetztzeit hat Materialien dazu: Herder, Bossuet etc. – Ich glaube, die Philosophen müssen noch tausend Jahr' warten, ehe sie den Organismus der Geschichte nachweisen können; bis dahin glaube ich, nur folgendes ist anzunehmen. Für Hauptsache halte ich: die menschliche Natur und die Verhältnisse (Boden, Klima, überlieferte Gesetzgebung, Krieg, unvorhergesehene und unberechenbare Bedürfnisse), beide in ihrem Konflikt oder in ihrer Allianz geben den Fond der Geschichte, sie finden aber immer ihre Signatur im Geiste, und die Idee, von welcher sie sich repräsentieren lassen, wirkt wieder als Drittes auf sie ein; das ist hauptsächlich in unseren Tagen der Fall, auch im Mittelalter. Shakespeare zeigt uns in der Geschichte nur die Wechselwirkung von der menschlichen Natur und den äußern Verhältnissen – die Idee, das Dritte, tritt nie auf in seinen Tragödien; daher eine viel klarere Gestaltung und etwas Ewiges, Unwandelbares in seinen Entwicklungen, da das Menschliche immer dasselbe bleibt zu allen Zeiten. Das ist auch der Fall bei Homer. Beider Dichter Werke sind unvergänglich. Ich glaube nicht, daß sie so gut ausgefallen wären, wenn sie eine Zeit darzustellen gehabt hätten, wo eine Idee sich geltend machte, z. B. im Beginne des aufkommenden Christentums, zur Zeit der Reformation, zur Zeit der Revolution.

Bei den Griechen herrschte Identität des Lebens und der Poesie. Sie hatten daher keine so großen Dichter wie wir, wo das Leben oft den Gegensatz der Poesie bildet. Shakespeare's große Zehe enthält mehr Poesie als alle griechischen Poeten, mit Ausnahme des Aristophanus. Die Griechen waren große Künstler, nicht Dichter; sie hatten mehr Kunstsinn als Poesie. In der Plastik leisteten sie so Bedeutendes, eben weil sie hier nur die Wirklichkeit zu kopieren brauchten, welche Poesie war und ihnen die besten Modelle bot.

Wie die Griechen das Leben blühend und heiter darstellten und zur Aussicht gaben die trübe Schattenwelt des Todes, so hingegen ist nach christlichen Begriffen das jetzige Leben trüb und schattenhaft, und erst nach dem Tod kommt das heitre Blütenleben. Das mag Trost im Unglück geben, aber taugt nicht für den plastischen Dichter. Darum ist die Ilias so heiter jauchzend, das Leben wird um so heiterer erfaßt, je näher unsre Abfahrt zur zweiten Schattenwelt, z.B. von Achilles.

Die Griechen gaben dem Christentum die Kunst: – Kunst des Wortes (Dogmatik und Mythologie) und Kunst der Sinne (Malerei und Baukunst). Die gotische ist nichts als kranke Kunst. Als ich im Dom von Toulouse (St. Sernin) doppelt sah, sah ich das Zentrum gebrochen in der Mitte, und begriff die Entstehung des gotischen Spitzbogens aus dem römischen Kreisbogen.

Kunstwerk

Das sichtbare Werk spricht harmonisch den unsichtbaren Gedanken aus; daher ist auch Lebekunst die Harmonie des Handelns und unsrer Gesinnung.

Schön ist das Kunstwerk, wenn das Göttliche sich dem Menschlichen freundlich zuneigt – Diana küßt Endymion; *erhaben*, wenn das Menschliche sich zum Göttlichen gewaltsam emporhebt – Prometheus trotzt dem Jupiter, Agamemnon opfert sein Kind. Die Christusmythe ist schön und erhaben zugleich.

In der Kunst ist die Form alles, der Stoff gilt nichts. Staub berechnet für den Frack, den er ohne Tuch geliefert, denselben Preis, als wenn ihm das Tuch geliefert worden. Er lasse sich nur die Form bezahlen und den Stoff schenke er.

In bezug auf die Frage von den eingeborenen Ideen möchte folgende Lösung richtig sein: Es gibt Menschen, denen alles von außen kommt, die sogenannten Talente, wie Lessing, erinnernd an Affen, wo die äußere Nachahmung waltet – nichts ist in ihrem Geiste, was sie nicht durch die Sinne aufgenommen. Es gibt aber auch Menschen, denen alles aus der Seele kommt. Genien wie Rafael, Mozart, Shakespeare, denen das Gebären aber schwerer wird, wie dem sogenannten Talente. Bei jenen ein Machen ohne Leben, ohne Innerlichkeit, Mechanismus – bei diesen ein organisches Entstehen.

Das Genie trägt im Geiste ein Abbild der Natur, und durch diese erinnert, gebiert es dies Abbild; das Talent bildet die Natur nach und schafft analytisch, was das Genie synthetisch schafft. Es gibt aber auch Charaktere, welche zwischen beiden schweben.

Die Daguerreotypie ist ein Zeugnis gegen die irrige Ansicht, daß die Kunst eine Nachahmung der Natur sei – die Natur hat selbst den Beweis geliefert, wie wenig sie von der Kunst versteht, wie kläglich es ausfällt, wenn sie sich mit Kunst abgibt.

Philarète Charles ordnet als Literaturhistoriker, die Schriftsteller nicht nach Äußerlichkeiten (Nationalitäten), Zeitalter, Gattung der Werke (Epos, Drama, Lyrik), sondern nach dem inneren geistigen Prinzip, nach Wahlverwandtschaft. So will Paracelsus die Blumen nach dem Geruch klassifizieren – wie viel sinnreicher, als Linné nach Staubfäden! Wäre es gar so sonderbar, wenn man auch die Literaten nach ihrem Geruch klassifizierte? Die, welche nach Tabak, die, welche nach Zwiebeln riechen usw.

Die Sage von dem Bildhauer, dem die Augen ausgestochen wurden, damit er nicht eine ähnliche Statue anfertige, beruht auf demselben Grunde wie die Sitte, nach welcher das Glas, woraus eine hohe Gesundheit getrunken wurde, zerbrochen wird.

Ein Skulptor, der zugleich Napoleon und Wellington meißelt, kommt mir vor wie ein Priester, der um zehn Uhr Messe lesen und um zwölf Uhr in der Synagoge singen will – Warum nicht? Er kann es; aber wo es geschieht, wird man bald weder die Messe noch die Synagoge besuchen.

Den Dichtern wird es noch schwerer, zwei Sprachen zu reden – ach! die meisten können kaum eine Sprache reden.

Man preist den dramatischen Dichter, der es versteht, Tränen zu entlocken. – Dies Talent hat auch die kümmerlichste Zwiebel, mit dieser teilt er seinen Ruhm.

Das Theater ist nicht günstig für Poeten.

Eine neue Periode ist in der Kunst angebrochen: Man entdeckt in der Natur dieselben Gesetze, die auch in unserem Menschengeiste walten, man vermenschlicht sie (Novalis), man entdeckt in dem Menschengeiste die Gesetze der Natur, Magnetismus, Elektrizität, anziehende und abstoßende Pole (Heinrich von Kleist). Goethe zeigt das Wechselverhältnis zwischen Natur und Mensch; Schiller ist ganz Spiritualität, er abstrahiert von der Natur, er huldigt der kantischen Ästhetik.

Goethe's Abneigung, sich dem Enthusiasmus hinzugeben, ist ebenso widerwärtig wie kindisch. Solche Rückhaltung ist mehr oder minder Selbstmord; sie gleicht der Flamme, die nicht brennen will, aus Furcht sich zu konsumieren. Die großmütige Flamme, die Seele Schiller's loderte mit Aufopferung – jede Flamme opfert sich selbst;

je schöner sie brennt, desto mehr nähert sie sich der Vernichtung, dem Erlöschen. Ich beneide nicht die stillen Nachtlichtchen, die so bescheiden ihr Dasein fristen.

Bei Schiller feiert der Gedanke seine Orgien – nüchterne Begriffe, weinlaubumkränzt, schwingen den Thyrsus, tanzen wie Bacchanten – besoffene Reflexionen.

Jacobi, diese greinende, keifende Natur, diese klebrige Seele, dieser religiöse Wurm, der an der Frucht der Erkenntnis nagte, um uns solche zu verleiden.

Die wehmütig niedergedrückte Zeit, der alles Laute untersagt war und die sich auch vor dem Lauten fürchtete, gedämpft fühlte, dachte und flüsterte, fand in dieser gedämpften Poesie ihre gedämpfte Freude. Sie betrachtete die alten gebrochenen Türme mit Wehmut, und lächelte über das Heimchen, das darin melancholisch zirpte.

In den altdänischen Romanzen sind alle Gräber der Liebe Heldengräber, große Felsmassen sind darauf getürmt mit schmerzwilder Riesenhand. In den Uhland'schen Gedichten sind die Gräber der Liebe mit hübschen Blümchen, Immortellen und Kreuzchen verziert, wie von Händen gefühlvoller Predigerstöchter.
Die Helden der »Kämpeviser« sind Normannen, die Helden des Uhland sind immer Schwaben, und zwar Gelbfüßler.

Die Sonettenwut grassiert so in Deutschland, daß man eine Sonettensteuer einrichten sollte.

Clauren ist jetzt in Deutschland so berühmt, daß man in keinem Bordell eingelassen wird, wenn man ihn nicht gelesen hat.

Auffenberg hab' ich nicht gelesen – ich denke: er ist ungefähr wie Arlincourt, den ich auch nicht gelesen habe.

Wir haben das körperliche Indien gesucht und haben Amerika gefunden; wir suchen jetzt das geistige Indien – was werden wir finden?

Es ist zu wünschen, daß sich das Genie des Sanskritstudiums bemächtige; tut es der Notizengelehrte, so bekommen wir bloß ein gutes Kompendium.

Die epischen Gedichte der Indier sind ihre Geschichte; doch können wir sie erst dann zur Geschichte benutzen, wenn wir die Gesetze entdeckt haben, nach welchen die Indier das Geschehene ins phantastisch Poetische umwandelten. Dies ist uns noch nicht bei der Mythologie der Griechen gelungen, doch mag es bei diesen schwerer sein, weil diese das Geschehene beständig zur Fabel ausbildeten in immer bestimmterer Plastik. Bei den Indiern hingegen bleibt die phantastische Umbildung immer noch Symbol, das das Unendliche bedeutet und nicht nach Dichterlaune in bestimmtern Formen ausgemeißelt wird.

Die Mahabaratas, Ramayanas und ähnliche Riesenfragmente sind geistige Mammutsknochen, die auf dem Himalaya zurückgeblieben.

Der Indier konnte nur ungeheuer große Gedichte liefern, weil er nichts aus dem Weltzusammenhang schneiden konnte, wie überhaupt der Anschauungsmensch. Die ganze Welt ist ihm ein Gedicht, wovon der Mahabarata nur ein Kapitel. – Vergleich der indischen mit unserer Mystik: diese übt den Scharfsinn an Zerteilung und Zusammensetzung der Materie, bringt es aber nicht zum Begriff. – Anschauungsideen sind etwas, das wir gar nicht kennen. Die indische Muse ist die träumende Prinzessin der Märchen.

Goethe, im Anfang des »Fausts«, benutzt die »Sakontala«.

Wie überhaupt jeder einen bestimmten Gegenstand in der Sinnenwelt auf eine andere Weise sieht, so sieht auch jeder in einem bestimmten Buche etwas anderes als der andere. Folglich muß auch der Übersetzer ein geistig begabter Mensch sein, denn er muß im Buche das Bedeutendste und Beste sehen, um dasselbe wiederzugeben. Den Wortverstand, den körperlichen Sinn kann jeder übersetzen, der eine Grammatik gelesen, und ein Wörterbuch sich angeschafft hat. Nicht kann aber der Geist von jedem übersetzt werden. Möchte dies nur bedenken jener nüchterne, prosaische Übersetzer Scott'scher Romane, der so sehr prahlt mit seiner Übersetzungstreue! Wie es auf den Geist ankommt, beweise zunächst Forster's Wiederübersetzung der »Sakontala«.

In der Zeit der Romantiker liebte man in der Blume nur den Duft – in unserer Zeit liebt man in ihr die keimende Frucht. Daher die Neigung zum Praktischen, zur Prosa, zum Hausbackenen.

Der Hauptzug der jetzigen Dichter ist Gesundheit – westfälische, östreichische, ja ungarische Gesundheit.

Die höchsten Blüten des deutschen Geistes sind die Philosophie und das Lied. Diese Blütezeit ist vorbei, es gehörte dazu die idyllische Ruhe; Deutschland ist jetzt fortgerissen in die Bewegung, der Gedanke ist nicht mehr uneigennützig, in seine abstrakte Welt stürzt die rohe Tatsache, der Dampfwagen der Eisenbahn gibt uns eine zittrige Gemütserschütterung, wobei kein Lied aufgehen kann, der Kohlendampf verscheucht die Sangesvögel, und der Gasbeleuchtungsgestank verdirbt die duftige Mondnacht.

Unsre Lyrik ist ein Produkt des Spiritualismus, obgleich der Stoff sensualistisch; die Sehnsucht des isolierten Geistes nach Verschmelzung mit der Erscheinungswelt, *to mingle with nature*. Mit dem Sieg des Sensualismus muß diese Lyrik aufhören, es entsteht Sehnsucht nach dem Geist: Sentimentalität, die immer dünner verdämmert, nihilistische Pimperlichkeit, hohler Phrasennebel, eine Mittelstation zwischen Gewesen und Werden, Tendenzpoesie.

Der harmlose Dichter, der plötzlich politisch wird, erinnert mich an das Kind in der Wiege: »Vater, iß nicht, was die Mutter gekocht!«

So wie die Demokratie wirklich zur Herrschaft gelangt, hat alle Poesie ein Ende. Der Übergang zu diesem Ende ist die Tendenzpoesie. Deshalb – nicht bloß, weil sie ihrer Tendenz dient – wird die Tendenzpoesie von der Demokratie begünstigt. Sie wissen, hinter oder vielmehr mit Hoffmann von Fallersleben hat die Poesie ein Ende.

In der Poetenwelt ist der *tiers état* nicht nützlich, sondern schädlich.

Die Demokratie führt das Ende der Literatur herbei: Freiheit und Gleichheit des Stils. Jedem sei er erlaubt, nach Willkür, also so schlecht er wolle, zu schreiben, und doch soll kein andrer ihn stilistisch überragen und besser schreiben dürfen.

Demokratischer Haß gegen die Poesie – der Parnaß soll geebnet werden, nivelliert, mazadamisiert, und wo einst der müßige Dichter geklettert und die Nachtigallen belauscht, wird bald eine platte Landstraße sein, eine Eisenbahn, wo der Dampfkessel wiehert und der geschäftigen Gesellschaft vorüber eilt.

Demokratische Wut gegen das Besingen der Liebe – warum die Rose besingen, Aristokrat! besing die demokratische Kartoffel, die das Volk nährt!

In einer vorwiegend politischen Zeit wird selten ein reines Kunstwerk entstehen. Der Dichter in solcher Zeit gleicht dem Schiffer auf stürmischem Meere, welcher fern am Strande ein Kloster auf einer Felsklippe ragen sieht; die weißen Nonnen stehen dort singend, aber der Sturm überschrillt ihren Gesang.

Die Werke gewisser Lieblingsschriftsteller des Tages sind ein Steckbrief der Natur, keine Beschreibung.

Es ist nicht der arme Unger Nimbsch oder der Handlungsbeflissene aus Lippe-Detmold, welcher das schöne Gedicht hervorgebracht, sondern der Weltgeist. Nur diesem gebührt der Ruhm und es ist lächerlich, wenn jene sich etwas darauf einbilden, etwa wie der Père Rachel auf den Succeß seiner Tochter – da steht ein alter Jude im Parterre des Theatre français und glaubt, er sei Iphigenie oder Andromache, es sei seine Deklamation, welche alle Herzen rühre, und applaudiert man, so verbeugt er sich mit errötendem Antlitz.

Savigny ein Römer? Nein, ein Bedienter des römischen Geistes, *un valet du romanisme.*

Savigny's Eleganz des Stils gleicht dem klebrigten Silberschleim, den die Insekten auf dem Boden zurücklassen, worüber sie hingekrochen.

Mit den Werken Johannes von Müller's geht es wie mit Klopstock – keiner liest ihn, spricht mit Respekt von ihm. Es ist unser großer Historiker wie jener unser großer Epiker war, den wir dem Auslande mit Stolz entgegensetzten. Er ist steiflangweilig – Alpen und keine Idee darauf. Wir glaubten ein Epos und einen Historiker zu haben.

Raumer ist das raisonnierende Leder, – der literarische Laufbursche der Brockhausischen Buchhandlung – wenn er älter, wird er ein Ladenhüter.

Gervinus' Literaturgeschichte

Die Aufgabe war: was H. Heine in einem kleinen Büchlein voll Geist gegeben, jetzt in einem großen Buche ohne Geist zu geben – die Aufgabe ist gut gelöst.

Historiker, welche selbst alle Geschichte machen wollen, gleichen den Komödianten in Deutschland, welche die Wut hatten, selbst Stücke zu schreiben. Haller bemerkt, daß man desto besser spiele, je schlechter das Stück – schrieben sie schlecht, um sich als gute Schauspieler zu zeigen? oder spielten sie schlecht, um als gute Schriftsteller zu scheinen? Dasselbe könnte man bei unsern Historikern fragen.

Hütet euch vor Hengstenberg – der stellt sich nur so dumm. Das ist ein Brutus, der einst die Maske fallen läßt, sich vernunftgläubig zeigt und euer Reich stürzt.

Ruge ist der Philister, welcher sich mal unparteiisch im Spiegel betrachtet und gestanden hat, daß der Apoll vom Belvedere doch schöner sei. – Er hat die Freiheit schon im Geiste, sie will ihm aber noch nicht in die Glieder, und wie sehr auch für hellenische Nacktheit schwärmt, kann er sich doch nicht entschließen, die barbarisch modernen Beinkleider, oder gar die christlich germanischen Unterhosen der Sittlichkeit auszuziehen. Die Grazien sehen lächelnd diesem inneren Kampfe zu.

Jakob Benedey

Die Natur erschuf dich zum Abtrittsfeger – schäme dich dessen nicht, deutscher Patriot! es sind die Latrinen eines deutschen Vaterlandes, die du fegst.

Ich werde von ihm schweigen, kann ihn als komische Figur nicht gebrauchen, wie Maßmann. Der Spaß war, daß dieser Latein verstand – Benedey aber versteht's nicht; Langweiligkeit ist nicht komisch.

König Ludwig nimmt den Luther nicht auf in seiner Walhalla. Man darf's ihm nicht verübeln, er fühlt im Herzen, daß wenn Luther eine Walhalla gebaut, er ihn als Dichter nicht darin aufgenommen hätte.

Die Este, Medizis Gonzagas, Scalas sind berühmt als Mäzene. Unsre Fürsten haben gewiß ebensoguten Willen, aber es fehlt ihnen die Bildung, die wahren Talente und Genies heraus zu suchen – denn diese melden sich nicht bei ihren Kammerdienern –. Sie protegieren nur solche, die mit ihnen selbst auf gleicher Bildungsstufe stehen, und wie man die italienischen Fürsten kennt, indem man bloß zu nennen braucht, wer ihre Protegés waren, so wird man einst die unsern gleich kennen, wenn man die Männer nennt, denen sie Dosen, Becher, Pensionen und Orden verliehen. Man sagt, es sei von großen Schriftstellern unklug, die obskuren – und sei es auch durch bittere Schilderung – auf die Nachwelt zu bringen; aber wir tun es zur Schande ihrer Mäzene.

Diese Menschen müssen Stockschläge im Leben haben; denn nach ihrem Tode kann man sie nicht bestrafen, man kann ihren Namen nicht schmähen, nicht fletrieren, nicht brandmarken – denn sie hinterlassen keinen Namen.

Wolfgang Menzel ist der witzigste Kopf – es wird interessant und wichtig für die Wissenschaft sein, wenn man an seinem Schädel einst phrenologische Untersuchungen machen kann. Ich wünsche, daß man ihm den Kopf schone, wenn man ihn prügelt, damit die Beulen, die neu sind, nicht für Witz und Poesie gehalten werden.

Und dieser unwissende Hase gebärdet sich als der Champion des deutschen Volks, des tapfersten und gelehrtesten Volks, eines Volks, das auf tausend Schlachtfeldern seinen Mut und in hunderttausend Büchern seinen Tiefsinn bewiesen hat, ein Volk, dessen breite Brust mit glorreichen Narben bedeckt ist und über dessen Stirne alle großen Gedanken der Welt dahin gezogen und die ehrwürdigsten Furchen hinterlassen haben!

Gutzkow

Die Natur war sehr bescheiden, als sie ihn schuf, den Unbescheidensten.

Er hat Heine nachahmen wollen, aber es fehlte ihm an aller Poesie, und er brachte es nur bis zur Nachahmung Börne's. Seine Darstellung und Sprache hat etwas Polizeiliches. Er liegt ewig auf der Lauer, um die Tagesschwächen des Publikums zu erspähen, sie in seinem Privatinteresse auszubeuten. Jenen Schwächen huldigend und schmeichelnd, darf er immerhin Talent, Kenntnisse und Charakter entbehren, er weiß es. Er gibt dem Publikum keine eignen Impulsionen, sondern er empfängt sie von demselben; er zieht die Livree der Tagesidee an, er ist ihr Bedienter, ihr Kanzleidiener, er katzenbuckelt und verlangt sein Trinkgeld.

Gisquet erzählt im dritten Teil seiner Memoiren von dem Polizeiagenten, welcher den Dieb errät, der die Medaillen gestohlen, wegen der feinen Arbeit des Erbrechens: das gut geflochtene Seil, das Stück Wachslicht in der Diebslaterne statt des Talgs – So errate ich Herrn ** in dem anonymen Artikel.

Warum sollte ich jetzt widersprechen? In wenigen Jahren bin ich tot, und dann muß ich mir alle Lügen doch gefallen lassen. ** hat nicht zu fürchten, daß man nach seinem Tode Lügen von ihm sagt.

Grabbe's »Gothland«

Zuweilen eine Reihe fürchterlicher und häßlicher Gedanken, wie ein Zug Galeerensklaven, jeder gebrandmarkt – der Dichter führt sie an der Kette in das Bagno der Poesie.

Freiligrath

Das Wesen der neuen Poesie spricht sich vor allem in ihrem parabolischen Charakter aus. Ahnung und Erinnerung sind ihr hauptsächlicher Inhalt. Mit diesen Gefühlen korrespondiert der Reim, dessen musikalische Bedeutung besonders wichtig ist. Seltsame, fremdgrelle Reime sind gleichsam eine reichere Instrumentation, die aus der wiegenden Weise ein Gefühl besonders hervortreten lassen soll, wie sanfte Waldhornlaute durch plötzliche Trompetentöne unterbrochen werden. So weiß Goethe die ungewöhnlichen Reime zu benutzen zu grell barocken Effekten; auch Schlegel und Byron – bei letzterem zeigt sich schon der Übergang in den komischen Reim. Man vergleiche damit den Mißbrauch der fremd klingenden Reime bei Freiligrath, die Barbarei beständiger Janitscharenmusik, die aus einem Fabrikantenirrtume entspringt. Seine schönen Reime sind oftmals Krücken für lahme Gedanken. Freiligrath ist ein Uneingeweihter in das Geheimnis, er besitzt keine Naturlaute, der Ausdruck und der Gedanke entspringen bei ihm nicht zu gleicher Zeit. Er gebraucht Hammer und Meißel und verarbeitet die Sprache wie einen Stein, der Gedanke ist Material, und nicht immer Material aus den Steinbrüchen des eignen Gemüts, z.B. Plagiat von Grabbe und Heine. Alles kann der machen, nur kein Lied Ein Lied ist das Kriterium der Ursprünglichkeit. Das eigentliche Gedicht (was wir gewöhnlich so nennen; halb episch, halb lyrisch) partizipiert mehr oder minder vom Liede, selbst in den breitesten Rhythmen – nicht so bei Freiligrath; sein Wohllaut ist meistens rhetorischer Art.

Es existiert eine gewisse Ähnlichkeit zwischen Freiligrath und Platen. Dieser hat ein feineres Ohr für die Wortmelodie, vermeidet weit mehr die Härten, klingt musikalischer, aber ihm fehlt die Zäsur, die Freiligrath besser hat, weil er gesunder fühlt – Zäsur ist der Herzschlag des dichtenden Geistes und läßt sich nicht nachahmen, wie Wohllaut.

Freiligrath ahmt Victor Hugo nach. Er ist Genremaler, er gibt Genrebilder des Meeres, nicht Historienbilder des lebendigen Ozeans. Seine morgenländischen Genrebilder sind türkische Holländerei.

Sein Charakter ist die Sehnsucht nach dem Orient und ein Hineinträumen in südliche Zustände. Aber der Orient ist ihm nicht aufgegangen in seiner Poesie wie bei andern Dichtern, denen jener fabelhafte, abenteuerliche Orient vorschwebt, den wir aus den Traditionen der Kreuzzüge und »Tausend und eine Nacht« uns zusammengeträumt, ein real unrichtiger, aber in der Idee richtiger, Poesie-Orient – Nein, er ist exakt wie Burkhard und Niebuhr, seine Gedichte sind ein Appendix zum Cotta'schen »Ausland«, und die Verlagshandlung hat seine Kenntnis der Geographie und Völkerkunde sehr bedeutungsvoll gerühmt. Daher sein Wert für die große Masse, die nach realistischer Kost verlangt, seine Anerkennung ist ein bedenkliches Zeichen einreißender Prosa.

Die deutsche Sprache an sich ist reich, aber in der deutschen Konversation gebrauchen wir nur den zehnten Teil dieses Reichtums, faktisch sind wir also spracharm.

Die französische Sprache an sich ist arm, aber die Franzosen wissen alles, was sie enthält, in der Konversation auszubeuten, und sie sind daher sprachreich in der Tat.

Nur in der Literatur zeigen die Deutschen ihren ganzen Sprachschatz, und die Franzosen, davon geblendet, denken, wunders wie glänzend wir zu Hause – sie haben auch keinen Begriff davon, wie wenig Gedanken bei uns im Umlauf zu Hause. Bei den Franzosen just das Gegenteil: mehr Ideen in der Gesellschaft als in den Büchern, und die Geistreichsten schreiben gar nicht oder bloß zufällig.

Voltaire hebt sich kühn empor, ein vornehmer Adler, der in die Sonne schaut – Rousseau ist ein edler Stern, der aus der Höhe niederblickt; er liebt die Menschen von oben herab.

Voltaire huldigt (man lese seine Dedikation des »Mahomed«) dem Papste ironisch und freiwillig.

Rousseau konnte nicht dazu gebracht werden, sich dem Könige präsentieren zu lassen – sein Instinkt leitete ihn richtig; er war der Enthusiasmus, der sich nicht abfinden kann.

Die älteren französischen Schriftsteller hatten einen bestimmten Standpunkt: Licht und Schatten sind immer richtig, nach den Gesetzen des Standpunkts. Die neueren Schriftsteller springen von einem Standpunkt auf den anderen, und in ihren Gemälden ist eine widerwärtige Konfusion von Licht und Schatten – hier eine Bemerkung, die der pantheistischen Weltansicht angehört, dort ein Gefühl, das aus dem Materialismus hervorgeht, Zweifel und Glaube sich kreuzend, – eine Harlekinsjacke.

In der französischen Literatur herrscht jetzt ein ausgebildeter Plagiatismus. Hier hat ein Geist die Hand in der Tasche des andern, und das gibt ihnen einen gewissen Zusammenhang. Bei diesem Talent des Gedankendiebstahls, wo einer dem andern den Gedanken stiehlt, ehe er noch ganz gedacht, wird der Geist Gemeinschaft – In der *république des lettres* ist Gedankengütergemeinschaft.

Die neufranzösische Literatur gleicht den Restaurants des Palais-royal – Wenn man in der Küche gelauscht, die Ingredienzen der Gerichte und ihre Zubereitung gesehen, würde man den Appetit verlieren – der schmutzige Koch zieht Handschuh an, wenn er auf blanker Schüssel sein Gemätsch aufträgt.

Die französischen Autoren der Gegenwart gleichen den Restaurants, wo man für zwei Francs zu Mittag speist. Anfangs munden ihre Gerichte, später entdeckt man, daß sie die Materialien aus zweiter und dritter Hand und schon alt oder verfault bezogen.

Die neufranzösischen Romantiker sind Dilettanten des Christentums, sie schwärmen für die Kirche, ohne ihrem Symbol gehorsam anzuhängen, sie sind *catholiques marrons*.

Sollte es wahr sein, daß Frankreich zum Christentume zurückverlangt? Ist Frankreich so krank? Es läßt sich Märchen erzählen – Will es sich auf dem Sterbebett bekehren? Verlangt es die Sakramente? Gebrechlichkeit, dein Name ist Mensch!

Chateaubriand will das Christentum gegen den brillanten Unglauben, dem alle Welt huldigt, predigen. Er befindet sich im umgekehrten Falle wie der neapolitanische Kapuziner, der den Leuten das Kreuz vorhält: »*Ecco il vero policinello!*« Chateaubriand ist ein Polichinell, der seine Marotte den Leuten vorhält: »*Ecco il vero cruce!*«

Chateaubriand ist ein Fabelhans, Royalist durch Prinzip, Republikaner durch Inklination, ein Ritter, der eine Lanze bricht für die Keuschheit jeder Lilie, und statt Mambrins' Helm eine rote Mütze trägt mit einer weißen Kokarde.

Buffon sagt, der Stil sei der Mensch selbst. Bilemain ist eine lebende Widerlegung dieses Axioms, sein Stil ist schön, wohlgewachsen und reinlich.

Wenn man, wie Charles Nodier, in seiner Jugend mehrmals guillotiniert worden, ist es sehr natürlich, daß man im Alter keinen Kopf mehr hat.

Blaze de Bury beobachtete die kleinen Schriftsteller durch ein Vergrößerungsglas, die großen durch ein Verkleinerungsglas.

Amaury ist der Patron der Schriftstellerinnen, er hilft den Dursti-
gen, er ist ihr *petit manteau blanc,* ihr Beichtiger, seine Artikel sind
eine kleine Sakristei, wo sie verschleiert hinein schleichen, sogar die
Toten beichten ihm ihre Sünden, Eva gesteht ihm Dinge, die ihr die
Schlange gesagt und wovon wir nichts erfuhren, weil sie solche
dem Adam verschwieg.

Er ist kein Kritiker für große, aber für kleine Schriftsteller – Walfi-
sche haben keinen Platz unter seiner Lupe, wohl aber interessante
Flöhe.

Bei Léon Gozlan tötet nicht der Buchstabe, sondern der Geist.

Michel Chevalier ist Konservateur und Progressivster zugleich –
mit der einen Hand stützt er das alte Gebäude, damit es nicht den
Leuten auf den Kopf stürze, mit der andern zeichnet er den Riß für
das neue, größere Gesellschaftsgebäude der Zukunft.

Man könnte Thierry mit Merlin vergleichen: Er liegt wie lebendig
begraben, der Leib existiert nicht mehr, nur die Stimme ist geblie-
ben – Der Historiker ist immer ein Merlin, er ist die Stimme einer
begrabenen Zeit, man befragt ihn und er gibt Antwort, der rück-
wärts schauende Prophet.

Die französische Kunst ist eine Nachbildung des Realen. Da aber
die Franzosen seit fünfzig Jahren so viel erleben und sehen konnten,
so sind ihre Kunstwerke durch die Nachbildung des Erlebten und
Gesehenen viel bedeutender als die Werke deutscher Künstler, die
nur durch Seelentraum zu ihren Anschauungen gelangten.

Nur in der Architektur, wo die Natur nicht nachgebildet werden
kann, sind die Franzosen zurück.

In der Musik geben sie den Ton ihrer Nationalität: Verstand und
Sentimentalität, Geist und Grazie; – im Drama: Passion. Der Eklek-
tizismus in der Musik wurde nach Meyerbeer eingeführt.

Meyerbeer ist der musikalische *maître de plaisir* der Aristokratie. Meyerbeer ist ganz Jude geworden. Wenn er wieder nach Berlin in seine früheren Verhältnisse zurücktreten will, muß er sich erst taufen lassen.

Rossini's »Othello« ist ein Vesuv, der strahlende Blumen speit.

Der Schwan von Pesaro hat das Gänsegeschnatter nicht mehr ertragen können.

Aufhören der Poesie im Künstler – der Kranz schwindet ihm vom Haupte.

Sein Pastizzio hat für mich von vornherein etwas Unheimliches, mahnend an den heiligen Hieronymus in der spanischen Galerie, der als Leiche die Psalmen schreibt. Es fröstelt einen, wie beim Anfühlen einer Statue.

Alle Bilder Ary Scheffer's zeigen ein Heraussehnen aus dem Diesseits, ohne an ein Jenseits recht zu glauben – vaporöse Skepsis.

Lessing sagt: »Hätte man Rafael die Hände abgeschnitten, so wär' er doch ein Maler gewesen.« In derselben Weise können wir sagen: Schnitte man Herrn** den Kopf ab, er bliebe doch ein Maler, er würde weiter malen, ohne Kopf, und ohne daß man merkte, daß er keinen Kopf hätte.

Shakespeare hat die dramatische Form von den Zeitgenossen; Unterscheidung dieser Form von der französischen.

Den Stoff seiner Dramen hat er immer bis ins Detail entlehnt; sogar die rohen Umrisse, wie die ersten Ausmeißelungen des Bildhauers, behält er.

Ist die Teilung der Arbeit auch im geistigen Produzieren vorteilhaft? Das Höchste wird nur dadurch erreicht.

Wie Homer nicht allein die Ilias gemacht, hat auch Shakespeare nicht allein seine Tragödien geliefert – er gab nur den Geist, der die Vorarbeiten beseelte.

Bei Goethe sehen wir ähnliches – seine Plagiate.

Junius ist der Ritter der Freiheit, der mit geschlossenem Visier gekämpft.

Dante ist der öffentliche Ankläger der Poesie.

IV. Individualität. Staat und Gesellschaft.

Die Gesellschaft ist immer Republik – die einzelnen streben immer empor, und die Gesamtheit drängt sie zurück.

Bei den Alten rühmen sich die Patrioten beständig, z.B. Cicero. Auch die Neueren machen es zur Zeit der höchsten Freiheit ebenso, z.B. Robespierre, Camille Desmoulins etc. Kommt bei uns diese Zeit, so werden wir uns gleichfalls rühmen. Die Ruhmlosen haben gewiß recht, wenn sie die Bescheidenheit predigen. Es wird ihnen so leicht, diese Tugend auszuüben, sie kostet ihnen keine Überwindung, und durch ihre Allgemeinheit bemerkt man nicht ihre Tatenlosigkeit.

Man muß ganz Deutschland kennen, ein Stück ist gefährlich. Es ist die Geschichte vom Baume, dessen Blätter und Früchte wechselseitiges Gegengift sind.

Luther erschütterte Deutschland – aber Franz Drake beruhigte uns wieder: er gab uns die Kartoffel.

Das Öl, das auf die Köpfe der Könige gegossen wird, stillt es die Gedankenstürme?

Es gibt kein deutsches Volk: Adel, Bürgerstand, Bauern sind heterogener als bei den Franzosen vor der Revolution.

Der preußische Adel ist etwas Abstraktes, er bezieht sich rein auf den Begriff der Geburt, nicht auf Eigentum. Die preußischen Junker haben kein Geld.

Die hannövrischen Junker sind Esel, die nur von Pferden sprechen.

Bediente, die keinen Herrn haben, sind darum doch keine freie Menschen – die Dienstbarkeit ist in ihrer Seele.

Der Deutsche gleicht dem Sklaven, der seinem Herrn gehorcht, ohne Fessel, ohne Peitsche, durch das bloße Wort, ja durch einen Blick. Die Knechtschaft ist in ihm selbst, in seiner Seele; schlimmer als die materielle Sklaverei ist die spiritualisierte. Man muß die Deutschen von innen befreien, von außen hilft nichts.

Der Hund, dem man einen Maulkorb anlegt, bellt mit dem H. ... n. – Das Denken auf Umweg äußert sich noch mißduftiger, durch Perfidie des Ausdrucks.

Die Deutschen arbeiten jetzt an der Ausbildung ihrer Nationalität, kommen aber damit zu spät. Wenn sie dieselbe fertig haben, wird das Nationalitätswesen in der Welt aufgehört haben und sie werden auch ihre Nationalität gleich wieder aufgeben müssen, ohne wie Franzosen oder Briten Nutzen davon gezogen zu haben.

Ich betrachtete den Dombau immer als ein Spielzeug; ich dachte: ein Riesenkind, wie das deutsche Volk, bedarf ebenfalls eines so kolossalen Spielzeugs wie der Kölner Dom ist – aber jetzt denk' ich anders. Ich glaube nicht mehr, daß das deutsche Volk ein Riesenkind; jedenfalls ist es kein Kind mehr, es ist ein großer Junge, der viel natürliche Anlagen hat, aus dem aber doch nichts Ordentliches wird, wenn er nicht ernsthaft die Gegenwart benutzt und die Zukunft ins Auge faßt. Wir haben keine Zeit mehr zum Spielen oder die Träume der Vergangenheit auszubauen.

Politische Wetterfahnen

Sie beschwören Stürme und verlassen sich auf ihre Beweglichkeit – sie vergessen, daß ihnen ihre Beweglichkeit nichts helfen wird, wenn mal der Sturmwind den Turm stürzt, worauf sie stehen.

Demagogie, die heilige Allianz der Völker.

Wenn ich von Pöbel spreche, nehme ich davon aus: erstens alle, die im Adreßbuch stehen, und zweitens alle, die nicht drin stehen.

Die neubürgerliche Gesellschaft will im Taumel der Vergnügungen hastig den letzten Becher leeren, wie die altadlige vor 1789 – auch sie hört schon im Korridor die marmornen Tritte der neuen Götter, welche ohne anzuklopfen in den Festsaal eintreten werden und die Tische umstürzen.

Der junge Schweinehirt will als Reicher seine Schweine zu Pferde hüten – Diese Bankiers haben sich aufs hohe Pferd gesetzt und treiben noch immer das alte schmutzige Handwerk.

** liebt die Juden nicht. Als ich ihn darüber befragte, sagte er:

»Sie sind schlecht ohne Grazie, flößen Abscheu ein gegen die Schlechtigkeit und schaden mir mehr als sie nutzen.«

Auch Rothschild könnte eine Walhalla bauen – ein Pantheon aller Fürsten, die bei ihm Anlehen gemacht.

Die Hauptarmee der Feinde Rothschilds besteht aus allen, die nichts haben; sie denken alle: was wir nicht haben, hat Rothschild. Hinzu fließt die Masse derer, die ihr Vermögen verlieren; statt ihrer Dummheit diesen Verlust zuzuschreiben, glauben sie, die Pfiffigkeit derer, die ihr Vermögen behalten, sei daran schuld. Sowie einer kein Geld mehr hat, wird er Rothschild's Feind.

Der Kommunist, welcher mit Rothschild seine 300 Millionen teilen will; dieser schickt ihm seinen Teil, 9 Sous – »Nun laß mich zufrieden!«

Die Kommunisten hegen einen achselzuckenden Widerwillen gegen Patriotismus, Ruhm und Krieg.

Nach den fetten Kühen kommen die magern, nach den mageren gar kein Fleisch.

Ich will prophezeien: Ihr werdet einmal im Winter eine Revolution erleben, die wird schrecklicher als alle früheren sein! Wenn das Blut im Schnee rinnt...

Der Volksstrom gleicht dem empörten Meere: die Wolken darüber geben ihm nur die Färbung, weiße Wellen (Müller und Brauer) dazwischen; Schriftsteller färben mit dem Wort die vorhandenen Empörungselemente.

Eine Assoziation der Ideen, in dem Sinne, wie Assoziation in der Industrie, z.B. Verbündung philosophischer Gedanken mit staatswirtschaftlichen, würde überraschende neuen Resultate ergeben.

Das alte Märchen der drei Brüder realisiert sich. Der eine läuft hundert Meilen in einigen Stunden, der andere sieht hundert Meilen weit, der dritte schießt so weit, der vierte bläst Armeen fort – Eisenbahn, Fernrohr, Kanonen, Pulver oder Presse.

Place de la Concorde

Ich möchte wissen, wenn man auf diesen Ort säet, ob Korn wachsen wird?

Die Hinrichtungen in Masse auf dem Grèveplatz und dem Platze Ludwig's XV. waren ein *argumentum ad hominem*: Jeder konnte hier sehen, daß das adlige Blut nicht schöner war als das Bürgerlicher. Der wahnsinnige Bürger, der jeder Exekution beiwohnte, wie einem praktischen Experimente zum Beweis der idealen Theorie.

Vision

Der Platz Ludwig's XVI. – Eine Leiche, der Kopf dabei, der Arzt macht Versuche, ob er wieder zusammen zu heilen, schüttelt das Haupt: »Unmöglich!« und geht seufzend fort – Höflinge versuchen das tote Haupt festzubinden, es fällt aber immer herunter.

Wenn ein König den Kopf verloren, ist ihm nicht mehr zu helfen.

Der Wahnsinnige will nicht in den Tuilerien spazieren gehen; er sieht die Bäume zwar schön grün, aber die Wurzeln in der Erde blutrot.

Je näher die Leute bei Napoleon standen, desto mehr bewunderten sie ihn – bei sonstigen Helden ist das Umgekehrte der Fall.

Napoleon war nicht von dem Holz, woraus man die Könige macht – er war von jenem Marmor, woraus man Götter macht.

Napoleon haßt die Boutiquiers und die Advokaten – er mitralliert jene und jagt diese zum Teufel hinaus. Sie unterwerfen sich, aber sie hassen ihn (sie glauben die Revolution für sich gemacht zu haben, und Napoleon benutzt sie für sich und für das Volk). Sie sehen die Restauration mit Vergnügen.

Der Kaiser war keusch wie Eisen.

Seine Feinde die Nebelgespenster, die des Nachts die Vendome-säule umtanzen und hinein beißen.

Sie schimpfen auf ihn, aber doch immer mit einem gewissen Respekt – während sie mit der rechten Hand Kot auf ihn werfen, halten sie in der linken den Hut.

Die Verfertiger des *Code Napoléon* hatten glücklicherweise in Revolutionszeiten gelebt, wo sie die Leidenschaften und höchsten Lebensfragen mitfühlen lernten.

Eine Nation kann nicht regeneriert werden, wenn ihre Regierung keine hohe moralische Kraft zeigt. Diese Kraft regeneriert. Daher war die fünfzehnjährige Regierung Napoleons notwendig – er heilte durch Feuer und Eisen die kranke Nation, seine Regierung war eine Kurzeit. Er war der Moses der Franzosen; wie dieser sein Volk durch die Wüste herumzieht, um es durch diese Kurzeit zu heilen, so trieb der die Franzosen durch Europa. – Dieser Regierung steht die Partei der Pourris gegenüber als Opposition, und zu ihr gehörte Frau von Staël. Ihre Koterie ist geistreich, witzig, liebenswürdig – aber faul: Talleyrand, der Doyen der Putrifikation, der Nestor der Lüge, *le parjure des deux siècles*. Chateaubriand – wir ehren, wir lieben ihn, aber er ist *le grand inconséquent*, ein unsterblicher Dupe, ein Dichter, ein Pilger mit einer Flasche Jordanwasser, eine wandelnde Elegie, *un ésprit d'outre tombe*, aber kein Mann. Ihre andern Freunde einige Edelleute des edlen Faubourg, ritterliche Schatten, liebenswürdig, aber krank, leidend, ohnmächtig. Benjamin Constant war der Beste, und der hat noch auf dem Todbette Geld genommen von Ludwig Philipp!

Le style c'est l'homme – c'est aussi la femme! Frau von Staël's Unwahrheit: ein ganzes Ratelier unwahrer Gedanken und Redeblumen, welche bösen Dünsten gleichen. – Sie rühmt Wellington, *ce héros de cuir avec un coeur de bois et un cerveau de papier-maché!*

Frau von Staël war eine Schweizerin. Die Schweizer haben Gefühle, so erhaben wie ihre Berge, aber ihre Ansichten der Gesellschaft sind so eng wie ihre Täler.

Ihr Verhältnis zu Napoleon: sie wollte dem Cäsar geben, was des Cäsars war; als dieser aber dessen nicht wollte, frondierte sie ihn, gab sie Gott das Doppelte.

Sie hatte keinen Witz, sie beging den Unsinn, Napoleon einen Robespierre zu Pferde zu nennen. Robespierre war nur ein aktiver Rousseau, wie Frau von Staël ein passiver Rosseau, und man könnte sie selber viel eher einen Robespierre in Weibskleidern nennen.

Überall spricht sie Religion und Moral – nirgends aber sagt sie, was sie darunter versteht.

Sie spricht von unserer Ehrlichkeit und unserer Tugend und unserer Geistesbildung – sie hat unsere Zuchthäuser, unsere Bordelle und unsere Kasernen nicht gesehen, sie sah nicht unsere Buchhändler, unsere Clauren, unsere Leutnants.

Pozzo di Borgo und Stein – saubere Helden! Der eine ein Renegat, der für ein paar Rubel sein Vaterland, seine Freunde und sein eignes Herz verkaufte, der andere ein hochnasiger Krautjunker, der unter dem Mantel des Patriotismus den Wappenrock der Vergangenheit verbarg – Verrat und Haß.

Man weiß nicht, warum unsere Fürsten so alt werden – sie fürchten sich zu sterben, sie fürchten in der anderen Welt den Napoleon wieder zu finden.

Wie im Homer die Helden auf dem Schlachtfeld ihre Rüstungen, so tauschten die Völker dort ihre Haut: die Franzosen zogen unsre Bärenhaut, wir ihre Affenhaut an. Jene tun nun gravitätisch, wir klettern auf Bäume. Jene schelten uns Voltairianer – seid ruhig, wir haben nur eure Haut an, wir sind doch Bären im Herzen.

Was man nicht erlebt in unserer Wunderzeit! sogar die Bourbonen werden Eroberer!

Das Volk von Paris hat die Welt befreit, und nicht mal ein Trinkgeld dafür angenommen.

Ja, wieder errang sich Paris den höchsten Ruhm. Aber die Götter, neidisch ob der Größe der Menschen, suchen sie herabzudrücken, demütigen sie, durch erbärmliche Ereignisse zum Beispiel.

Die Presse gleicht jenem fabelhaften Baume: genießt man die Frucht, so erkrankt man; genießt man die Blätter, so genest man von dieser Krankheit, und umgekehrt. So ist es mit der Lektüre der legitimistischen und der republikanischen Blätter in Frankreich.

Die französischen Journale tragen sämtlich eine ganz bestimmte Parteifarbe; sie weisen jeden Artikel zurück, der sich nicht mit den augenblicklichen Tagesinteressen, den sogenannten Aktualitäten, beschäftigt. – In Deutschland ist just das Gegenteil der Fall, und wenn ich auch zuweilen darüber lächeln muß, daß die deutschen Blätter so viele Gegenstände, die mit den zeitlichen Landesfragen in keiner entferntesten Berührung stehen, so gründlich behandeln, z.B. die chinesischen oder ostindischen Kulturbezüge: so muß ich dennoch mich freuen über diesen Kosmopolitismus der deutschen Presse, die sich selbst für die abenteuerlichsten Nöten auf dieser Erde interessiert und alle menschentümlichen Besprechungen so gastlich aufnimmt!

Lafayette

Die Welt wundert sich, daß einmal ein ehrlicher Mann gelebt – die Stelle bleibt vakant.

Der Engländer, welcher van Amburgh nachstreift, allen seinen Vorstellungen beiwohnt, überzeugt, daß der Löwe ihn doch am Ende zerreißt, und dieses Schauspiel durchaus betrachten will, gleicht dem Historiker, der in Paris darauf wartet, bis das französische Volk endlich den Ludwig Philipp zerreißt, und der nun diesen Löwen inzwischen täglich beobachtet.

Wenn ein *Prix Monthyon* für Könige gestiftet würde, so wäre Ludwig Philipp der beste Kandidat! Unter ihm herrschte Glück und Freiheit – er war der *Roi d'Yvetot* der Freiheit.

Guizot ist kein Engländer, sondern ein Schotte, er ist Puritaner, aber für sich, weil's sein Naturell. Da er aber die entgegengesetzten Naturen begreift, ist er tolerant selbst gegen die Frivolität.

Die hervorragendste Eigenschaft ist sein Stolz: Wenn er in den Himmel zum lieben Gott kommt, wird er diesem ein Kompliment darüber machen, daß er ihn so gut erschaffen.

Durch die Eisenbahnen werden plötzliche Vermögenswechsel herbeigeführt. Dieses ist in Frankreich gefährlicher als in Deutschland. Deshalb geht die Regierung mit Scheu an die Eisenbahnen.

Nicht der Vortrefflichkeit ihrer Lehre wegen, sondern wegen der Vulgarität derselben, und weil die große Menge unfähig ist, eine höhere Doktrin zu fassen, glaube ich, daß die Republikaner, zunächst in Frankreich, allmählich die Oberhand gewinnen und für einige Zeit ihr Regiment befestigen werden. Ich sage: für einige Zeit, denn jene plebejischen Republiken, wie unsere Radikalen sie träumen, können sich nicht lange halten ... Indem wir mit Gewißheit ihre kurze Dauer voraussehen, trösten wir uns ob der Fortschritte des Republikanismus. Er ist vielleicht eine notwendige Übergangsform, und wir wollen ihm gern den verdrießlich eingepuppten Raupenzustand verzeihen, in der Hoffnung, daß der Schmetterling, der einst daraus hervorbricht, desto farbenreicher beflügelt seine Schwingen entfalten und im süßen Sonnenlichte mit allen Lebensblumen spielen wird! – Wir sollten euch eigentlich wie griesgrämige Väter behandeln, deren zugeknöpft pedantisches Wesen zwar unbequemer für weltlustige Söhne, aber dennoch nützlich ist für deren künftiges Etablissement. Aus Pietät, wenn nicht schon aus Politik, sollten wir daher nur mit einer gewissen Zurückhaltung über jene trüben Käuze unsere Glossen aussprechen. Wir wollen euch sogar ehren, wo nicht gar unterstützen, nur verlangt nicht zu viel, und werdet keine Brutusse an uns, wenn etwa eure allzu einfache Suppen uns nicht munden und wenn wir manchmal zurück schmachten nach der Küche der Tarquinier!

Sonderbar! wir wiegen und trösten uns mit dieser Hypothese von einer kurzen Dauer des republikanischen Regimentes in derselben Weise wie jene greisen Anhänger des alten Regimes, die aus Verzweiflung über die Gegenwart nur in dem Siege der Republikaner ihr Heil sehen, und um Heinrich V. auf den Thron zu bringen, mit Todesverachtung die Marseillaise anstimmen ...

Où allez vous, monsieur l'abbé?
Vous allez vous casser le nez!

Für die Güte der Republik könnte man denselben Beweis anführen, den Boccaccio für die Religion anführt: sie besteht trotz ihrer Beamten.

Der geheime Haß der höchsten Republikbeamten gegen die Republik gleicht dem geheimen Hasse der vornehmen Römer, die als Bischöfe und Prälaten ihre alte Auctoritas fortsetzen mußten.

Die Franzosen sind sicherer im Umgang, eben weil sie positiv und traumlos – der träumende Deutsche schneidet dir eines Morgens ein finsteres Gesicht, weil ihm geträumt, du hättest ihn beleidigt, oder sein Großvater hätte von dem deinigen einen Fußtritt bekommen.

Die Franzosen sind allem Traumwesen so entgegen gesetzt, daß man selbst von ihnen nie träumt, sondern nur von Deutschen.

Die Deutschen werden nicht besser im Ausland, wie das exportierte Bier.

Unter den hier lebenden kleinen Propheten sind wenige Deutsche – die meisten kommen nach Frankreich, um zu zeigen, daß sie auch in der Fremde keine Propheten sind.

Das junge Mädchen sagte: »Der Herr muß sehr reich sein, denn er ist sehr häßlich.« Das Publikum urteilt in derselben Weise: »Der Mann muß sehr gelehrt sein, denn er ist sehr langweilig.« Daher der Succeß vieler Deutschen in Paris.

Es scheint die Mission der Deutschen in Paris zu sein, mich vor Heimweh zu bewahren.

Wie im Schattenspiel ziehen die durchreisenden Deutschen mir hier vorbei, keiner entwickelt sich.

Gefährliche Deutsche! Sie ziehen plötzlich ein Gedicht aus der Tasche oder beginnen ein Gespräch über Philosophie.

Deutsche und französische Frauen

Die deutschen Öfen wärmen besser als die französischen Kamine, aber daß man hier das Feuer lodern sieht, ist angenehmer; ein freudiger Anblick, aber Frost im Rücken – Deutscher Ofen, wie wärmst du treu und scheinlos!

Eine Allianz zwischen Frankreich und Rußland hätte, bei der Affinität beider Länder, nichts so gar Unnatürliches. In beiden Ländern herrscht der Geist der Revolution: hier in der Masse, dort konzentriert in einer Person; hier in republikanischen, dort in absolutistischen Formen; hier die Freiheit, dort die Zivilisation im Auge haltend; hier idealen Prinzipien, dort der praktischen Notwendigkeit huldigend, an beiden Orten aber revolutionär agierend gegen die Vergangenheit, die sie verachten, ja hassen. Die Schere, welche die Bärte der Juden in Polen abschneidet, ist dieselbe, womit in der Konziergerie dem Ludwig Capet die Haare abgeschnitten wurden, es ist die Schere der Revolution, ihre Zensurschere, womit sie nicht einzelne Phrasen oder Artikel, sondern den ganzen Menschen, ganze Zünfte, ja ganze Völker aus dem Buche des Lebens schneidet. Niklas war gegen Frankreich, weil dieses seiner Regierungsform, dem Absolutismus, propagandistisch gefährlich war, nicht seinen Regierungsprinzipien; ihm mißfiel an Ludwig Philipp das beschränkt Bürgerkönigliche, das ihm eine Parodie der wahren Königsherrlichkeit dünkte, aber dieser Unmut weicht in Kriegsfällen vor der Notwendigkeit, die ihm das höchste Gesetz – die Zaren unterwerfen sich demselben immer, und müssen sie dabei auch ihre persönlichen Sympathien opfern. Das ist ihre Force, sie sind deshalb immer so stark, und ist einer schwach, so stirbt er bald an der Familienkrankheit und macht einem Stärkeren Platz.

Richtig beobachtete Custine ihre Gleichgültigkeit gegen die Vergangenheit, gegen das Altertümliche. Er bemerkte auch richtig den Zug der Raillerie bei den Vornehmen; diese muß auch im Zar ihre Spitze finden; von seiner Höhe sieht er den Kontrast der kleinen Verhältnisse mit den großen Phrasen, und im Bewußtsein seiner kolossalen Macht muß er jede Phraseologie bis zur Persiflage verachten. (Der Marquis verstand das nicht.) Wie kläglich müssen ihm die chevaleresken Polen erscheinen, diese Leichen des Mittelalters mit modernen Phrasen im Munde, die sie nicht verstehen; er will sie zu Russen machen, zu etwas Lebendigem: auch die Mumien, die Juden, will er beleben; und was sind die gemeinen Russen, als zweibeiniges Vieh, das er zu Menschen heran knutet? Sein Wille ist edel, wie schrecklich immer seine Mittel sind.

In Rußland zeigt sich die Tendenz, die Einheit der Autorität durch politische, nationale und sogar religiöse Gleichheit zu stärken. Die Autorität, geübt durch die höchste Intelligenz, verfährt terroristisch gegen sich selbst, jede Schwäche von sich ausscheidend; Peter III. stirbt, Paul stirbt, Konstantin tritt ab, und eine Reihe der ausgezeichnetsten Herrscher tritt auf seit Peter I., z.B. Katharina II., Alexander, Nikolaus. Die Revolution trägt hier eine Krone und ist gegen sich selbst so unerbittlich, wie es das *Comité du salut public* nur jemals sein konnte.

Nikolaus ist, sozusagen, ein Erbdiktator. Er zeigt die vollständige Gleichgültigkeit gegen das Herkömmliche, das Verjährte, das Geschichtliche.

Es war grausam von den Russen, den polnischen Juden das Schubbez zu nehmen – sie brauchten kein Hemd darunter zu tragen, es war so bequem zum Kratzen! – und die Bärte – die Hauptsache war: er selber ging so hinterher! – und die Prajes, die heiligen Schlaflocken, ihren einzigen Stolz!

Wir sollen uns jetzt auf Rußland stützen, auf den Stock, womit wir einst geprügelt worden!

V. Frauen, Liebe und Ehe

Wo das Weib aufhört, fängt der schlechte Mann an.

Wenn ich Weltgeschichte lese und irgendeine Tat oder Erscheinung mich frappiert, so möchte ich manchmal das Weib sehen, das als geheime Triebfeder dahinter steckt (als Agens mittel- oder unmittelbar) – Die Weiber regieren, obgleich der »Moniteur« nur Männernamen verzeichnet – sie machen Geschichte, obgleich der Historiker nur Männernamen kennt – Herodot's Anfang ist ingeniös.

Bei der Erklärung der Liebe muß ein physikalisches Phänomen oder ein historisches Faktum angenommen werden. Ist es Sympathie, wie der dumme Magnet das rohe Eisen anzieht? Oder ist eine Vorgeschichte vorhanden, deren dunkles Bewußtsein uns blieb und in unerklärlicher Anziehung und Abstoßung sich ausspricht?

In der Jugend ist die Liebe stürmischer, aber nicht so stark, so allmächtig wie später. Auch ist sie in der Jugend nicht so dauernd, denn der Leib liebt mit, lechzt nach leiblichen Offenbarungen in der Liebe, und leiht der Seele allen Ungestüm seines Blutes, die Überfülle seiner Sehnenkraft. Später, wo diese aufhört, wo das Blut langsamer in den Adern sintert, wo der Leib nicht mehr verliebt ist, liebt die Seele ganz allein, die unsterbliche Seele, und da ihr die Ewigkeit zu Gebote steht, da sie nicht so gebrechlich ist wie der Leib nimmt sie sich Zeit und liebt nicht mehr so stürmisch, aber dauernder, noch abgrundtiefer, noch übermenschlicher.

Daß der Gatte Xanthippe's ein so großer Philosoph geworden, ist merkwürdig. Während allem Gezänk noch denken! Aber schreiben konnte er nicht, das war unmöglich: Sokrates hat kein einziges Buch hinterlassen.

Wie viel höher steht die Frau bei Moses als bei den anderen Orientalen oder als noch bis auf den heutigen Tag bei den Mahomedanern! Diese sagen bestimmt, daß die Frau nicht einmal ins Paradies kommt; Mahomed hat sie davon ausgeschlossen. Glaubte er etwa, daß das Paradies kein Paradies mehr sei, wenn jeder seine Frau dort wiederfände?

Jeder, wer heiratet, ist wie der Doge, der sich mit dem adriatischen Meere vermählt – er weiß nicht, was drin, was er heiratet: Schätze, Perlen, Ungetüme, unbekannte Stürme.

Die Musik beim Hochzeitsgeleite erinnert mich immer an die Musik bei in die Schlacht ziehenden Soldaten.

Die deutschen Frauen sind gefährlich wegen ihrer Tagebücher, die der Mann finden kann.

Die deutsche Ehe ist keine wahre Ehe. Der Ehemann hat keine Ehefrau, sondern eine Magd, und lebt sein isoliertes Hagestolzleben im Geiste fort, selbst im Kreis der Familie. Ich will darum nicht sagen, daß er der Herr sei, im Gegenteil ist er zuweilen nur der Bediente der Magd, und den Servilismus verleugnet er auch im Hause nicht.

VI. Vermischte Einfälle.

Weise erdenken die neuen Gedanken, und Narren verbreiten sie.

Neben dem Denker ein prosaischer Mensch, der ruhig sein Geschäft treibt – neben jeder Krippe, worin ein Heiland, eine welterlösende Idee, den Tag erblickt, steht auch ein Ochse, der ruhig frißt.

Kadmus bringt die phönizische Buchstabenschrift, die Schriftkunst, nach Griechenland – diese sind die Drachenzähne, die er gesäet; die avozierten geharnischten Männer zerstören sich wechselseitig.

Es gibt hohe Geister, die über alle materielle Herrlichkeit erhaben sind und den Thron nur für einen Stuhl ansehen, der bedeckt mit rotem Sammet – Es gibt niedere Geister, denen alles Ideale unbedeutend dünkt und denen der Pranger nur ein Halsband von Eisen ist. Sie haben keine Scheu vor der eisernen Krawatte, wenn sie nur dadurch ein Publikum um sich versammeln können; diesem imponieren sie durch Frechheit, welche durch die Routine der Schande erlangt worden.

Die Zeit übt einen mildernden Einfluß auf unsere Gesinnung, durch beständige Beschäftigung mit dem Gegensatz. Der Garde munizipal, welcher den Kankan überwacht, findet denselben am Ende gar nicht mehr so unanständig und möchte wohl gar mittanzen. Der Protestant sieht nach langer Polemik mit dem Katholizismus ihn nicht mehr für so greuelhaft an und hörte vielleicht nicht ungern eine Messe.

Wir begreifen die Ruinen nicht eher, als bis wir selbst Ruinen sind.

De mortuis nil nisi bene – man soll von den Lebenden nur Böses reden.

Kourtoisie

Wenn man einen König prügelt, muß man zugleich aus Leibeskräften »Es lebe der König!« rufen.

Es gibt Leute, welche den Vogel ganz genau zu kennen glauben, weil sie das Ei gesehen, woraus er hervorgekrochen.

Der Giftbereiter muß gläserne Handschuh anziehen.

Ein Talent können wir nach einer einzigen Manifestation anerkennen – für die Anerkennung eines Charakters bedürfen wir aber eines langen Zeitraumes und beständiger Öffentlichkeit. »Vor seinem Tode«, sagt Solon, »ist niemand glücklich zu schätzen« – und wir dürfen auch sagen: Vor seinem Tode ist niemand als Charakter zu preisen. Herr ** ist noch jung, und es bleibt ihm Zeit genug zu künftigen Schuftereien – wartet nur einige Jährchen, er tauft sich in der **kirche, er wird der Advokat für Schelmenstreiche – vielleicht aber hat er schon die Muße dazu angewendet, und wir kennen nur seine Taten nicht wegen seiner obskuren Weltstellung.

Wie kommt es, daß der Reichtum seinem Besitzer eher Unglück bringt als Glück, wo nicht gar das furchtbarste Verderben? Die uralten Mythen vom goldenen Flies und vom Niblungshort sind sehr bedeutungsvoll. Das Gold ist ein Talisman, worin Dämonen hausen, die alle unsre Wünsche erfüllen, aber uns dennoch gram sind ob des knechtischen Gehorsams, womit sie uns dienen müssen, und diesen Zwang tränken sie uns ein durch geheime Tücke, indem sie eben die Erfüllung unserer Wünsche zu unserem Unheil verkehren und uns daraus alle möglichen Nöten bereiten.

Wie die Theater mehrmals abbrennen müssen, ehe sie als ganz prachtvoll gebaut hervorsteigen, wie in Phönix aus der Asche, so gewisse Bankiers. Jetzt glänzt das Haus **, nachdem es drei bis vier Mal falliert, am glänzendsten. Nach jedem Brande erhob es sich prunkvoller – die Gläubiger waren nicht verassekuriert.

»Gebe Gott, was Gottes, dem Cäsar, was des Cäsars ist!« – Aber das gilt nur vom Geben, nicht vom Nehmen.

Wie vernünftige Menschen oft sehr dumm sind, so sind die Dummen manchmal sehr gescheit.

Ich las das langweilige Buch, schlief darüber ein, im Schlafe träumte ich, weiter zu lesen, erwachte vor Langeweile, und das dreimal.

Fräulein ** bemerkt, daß der Anfang der Bücher immer so langweilig, erst in der Mitte amüsiere man sich, man sollte jemand dafür haben, der für uns die Bücher zu lesen anfängt, wie man Stickerinnen dafür bezahlt, daß sie die Teppiche anfangen zu brodieren.

Die schöne junge ** heiratet den alten A. Der Hunger trieb sie dazu – sie hatte zu wählen zwischen ihm und dem Tod, der noch magerer und noch grauenhafter. A., sei stolz darauf, daß sie deinem Skelett den Vorzug gab.

Wenn das Laster so großartig, wird es minder empörend. Die Engländerin, die sonst eine Scheu vor nackten Statuen hatte, war beim Anblick eines ungeheuren Herkules minder schockiert: »Bei solchen Dimensionen scheint mir die Sache nicht mehr so unanständig.«

In Hamburg hat man die Steuern erhöht wegen der Entfestigung und der Promenaden, die sehr schön sind, wie sich denn Hamburg überhaupt gern ein schönes Äußeres geben will, und Promenaden anlegt, damit der, welcher im Innern der Stadt nichts mehr zu essen hat, während der Mittagsstunden eine Promenade um die Stadt machen kann; – auch Bänke zum Lesen, z.b. eines Kochbuchs, und elegische Trauerweiden.

Philologie in Handelsstädten

Handwerker oder Philologe soll man werden – man wird zu allen Zeiten Hosen brauchen, und es wird immer Schulknaben geben, welche Deklinationen und Konjugationen gebrauchen.

Die Britinnen tanzen, als wenn sie auf Eseln ritten.

Die Affen sehen auf die Menschen herab wie auf eine Entartung ihrer Race, so wie die Holländer das Deutsche für verdorbenes Holländisch erklären.

E. ist mehr ein Freund der Gedanken als der Menschen. Er hat etwas von Abelard – hat er seine Heloise gefunden?

** gehört zu jenen Engeln, die Jakob im Traume gesehen und die eine Leiter nötig hatten, um vom Himmel auf die Erde herab zu steigen – ihre Flügel sind nicht stark genug.

Ehe ** Mystiker wurde, war er ein schlichter, verständiger Mensch.

Wie Mohammed nur ein Kameltreiber war, ehe ihn der Engel zum Propheten erleuchtete, so war ** zwar nicht ein Kameltreiber, aber ein Kamel selbst, ehe ihm das neue Licht gekommen.

Der Autor hält sich ängstlich in dem Kreis des Kirchenglaubens, er kennt die Schrecknisse, die außerhalb desselben die begabtesten Geister überwältigt. Er gleicht dem Zauberer, der nicht den Kreis zu überschreiten wagt, wo er sich selbstwillig gebannt und sicher ist.

Man nennt ** einen zweiten Duprez – man wird bald Herrn Duprez einen zweiten ** nennen, so schlecht singt er schon.

Ob sie tugendhaft war, weiß ich nicht; aber sie war immer häßlich, und Häßlichkeit bei einem Weibe ist schon der halbe Weg zur Tugend.

Im Dorfe war ein Ochs, der so alt war, daß er endlich kindisch ward, und als man ihn schlachtete, schmeckte sein Fleisch wie bejahrtes Kalbfleisch.

Sonne und Mond sind die Fußschemel Gottes, ihm die alternden Füße zu wärmen. Der Himmel ist seine grauwollene Jacke, mit Sternen gestickt.

Mr. Colombe, entdecken Sie uns noch eine neue Welt!
Mlle. Thais, stecken Sie noch ein Persepolis in Brand!
Mr. Jesus Christ, lassen Sie sich nochmals kreuzigen!

Gefährlicher Gedanke – Ich hatte ihn *out-side of a stage-coach*.

Da und da hatte ich einen großen Gedanken, hab' ihn aber vergessen.
Was mag es wohl sein? Ich plage mich mit Erraten.

Der Diamant könnte sich etwas drauf einbilden, wenn ihn ein Dichter mit einem Menschenherzen vergliche.

Nach der Erzählung einer edlen Tat, der Ausruf: Größer als alle Pyramiden, als der Himalaya, als alle Wälder und Meere, ist das menschliche Herz – es ist herrlicher als die Sonne und der Mond und alle Sterne, strahlender und blühender – es ist unendlich in seiner Liebe, unendlich wie die Gottheit, es ist die Gottheit selbst.

VII. Bilder und Farbenstriche.

Die alte Harfe liegt im hohen Gras. Der Harfner ist gestorben. Die talentvollen Affen kommen herab von den Bäumen und klimpern drauf – die Eule sitzt mürrisch rezensierend – die Nachtigall sing der Rose ihr Lied; sobald es ganz dunkel wird, überwältigt sie die Liebe, und sie stürzt auf den Rosenstrauch und zerrissen von den Dornen verblutet sie – Der Mond geht auf – der Nachtwind säuselt in den Saiten der Harfe – die Affen glauben, es sei der tote Harfner, und entfliehen.

Traum Metternich's: Er sieht sich im Sarg mit einer roten Jakobinermütze.

Traum Rothschild's: Er träumt, er habe 100+000 Franks den Armen gegeben und wird krank davon.

Bild Haushalt Joseph's und Maria's. Erster sitzt an der Wiege des Kindes und schaukelt es, singt auch Eiapopeia – Prosa. Maria sitzt am Fenster zwischen Blumen und streichelt ihre Taube.

Zur »Himmelfahrt« Der Direktor zeigt mir sein Kuriositätenkabinett, z.B. der erste Zahn von Ahasverus.

Die kleinen Engel, welche rauchen.

Ein blinder Scharlatan auf dem Markte verkauft Augenwasser, das gegen Blindheit schützt. Er hat selbst nicht dran geglaubt und ist blind geworden. Tragische Schilderung der Blindheit.

Die wahnsinnige Jüdin, die das Jahrzeitlämpchen des Kindes wiegt.

Eindruck bei der Rückkehr in Deutschland

Zuerst das weiße Haar – Weiß gibt immer die Idee des Märchen-haften, Gespenstischen, des Visionären: weiße Schatten, Puder, Totenlaken.

Die Korpulenz – dicke Gespenster, weit unheimlicher als dünne.

Kirchhof, wo geliebte Gräber.

Bei dem ersten »Wer da!« ruf ich: Alle guten Geister loben Gott.

In den Flaschen sehe ich Greuel, die ihr Inhalt erzeugen wird – ich glaube im Naturalienkabinett Flaschen mit Mißgeburten, Schlangen und Embryos zu sehen.

Der Engländer, der mit seiner Miß immer an den Badestrand geht, damit der Anblick der nackten Männer sie gegen Sinnlichkeit abstumpfe.

Die Parabel vom Schauspieler. Der Hund, der Esel: »Du sollst bel-len, du sollst Stroh fressen!« – Der arme **, er bellt schon!

Calmonius

Seine Sucht nach Ordensbändern, dieser nagende Bandwurm sei-ner Seele. Sein Leib laboriert an einem minder lächerlichen Band-wurme.

Wenn ** wiederkommt, die Grisetten werden ihn zerreißen wie die tragischen Weiber seinen Kollegen, den Orpheus.

Fanny Elsler, die Tänzerin beider Welten.

Tragödienkritik, wo angenommen wird, der Held wolle ganz etwas anderes, als er sagt. Durchführung des Verschweigens.

Die Hoffnung ist eine schöne Jungfrau mit kindlichem Gesicht, aber welken Brüsten, woran ...

Ich finde in einem einsamen Gärtchen eine Rose, die allerlei Erinnerungen weckt – ihr Mund *en coeur*, ist ganzes graziöses Wesen, ihr Leichtsinn, ihre Innigkeit.

Ihr Lächeln, wie ein strahlendes Netz, sie warf es aus und meine Seele verfing sich darin und zappelt in den holden Maschen wie ein Fisch, seit Jahren.

Ein gefühlvoll, helles Auge, ruhige sinnreiche Lippen – eine schöne, lächelnde Blume, eine – tiefsinnige Stimme.

Ein süßlich, zerquetschtes, eingemachtes Gesicht mit ängstlich kleinlichen Augen.

Ein lächelnder Gang.

Er sprudelt von Dummheit.

Ein Gesicht wie ein Fötus in Weingeist.

Eine Dame, welche schon anfing, nicht mehr jung zu sein.

Sie blinzelte mit den Augen wie eine Schildwache, der die Sonne ins Gesicht scheint.

Sie schrieb anonyme Briefe, unterschrieben: »Eine schöne Seele«.

Er lobt sich so stark, daß die Räucherkerzchen im Preise steigen.

Er hat es in der Ignoranz am weitesten gebracht.

Was ** betrifft, so sagt man, daß er von mehreren Juden abstamme.

Ein fetter Mastbrite.

Schön gekämmte, frisierte Gedanken.

Es steigt herab die große Nacht mit ihren kühnen Sternen.

Ich sah einen Wolf, der leckte an einem gelben Stern, bis seine Zunge blutete.

Den Mond, dessen Glanz bleich und fahl war, umgab eine Masse gelblicher Wolken, ähnlich dem bleifarbenen Ringe, welcher Augen, die viel von Tränen benetzt werden, zu umsäumen pflegt.

Die Felsen, minder hart als Menschenherzen, die ich vergebens anflehte, öffnen sich und der schmerzlindernde Quell rieselt hervor.

Über tredition

Eigenes Buch veröffentlichen

tredition wurde 2006 in Hamburg gegründet und hat seither mehrere tausend Buchtitel veröffentlicht. Autoren veröffentlichen in wenigen leichten Schritten gedruckte Bücher, e-Books und audio-Books. tredition hat das Ziel, die beste und fairste Veröffentlichungsmöglichkeit für Autoren zu bieten.

tredition wurde mit der Erkenntnis gegründet, dass nur etwa jedes 200. bei Verlagen eingereichte Manuskript veröffentlicht wird. Dabei hat jedes Buch seinen Markt, also seine Leser. tredition sorgt dafür, dass für jedes Buch die Leserschaft auch erreicht wird.

Im einzigartigen Literatur-Netzwerk von tredition bieten zahlreiche Literatur-Partner (das sind Lektoren, Übersetzer, Hörbuchsprecher und Illustratoren) ihre Dienstleistung an, um Manuskripte zu verbessern oder die Vielfalt zu erhöhen. Autoren vereinbaren direkt mit den Literatur-Partnern die Konditionen ihrer Zusammenarbeit und partizipieren gemeinsam am Erfolg des Buches.

Das gesamte Verlagsprogramm von tredition ist bei allen stationären Buchhandlungen und Online-Buchhändlern wie z. B. Amazon erhältlich. e-Books stehen bei den führenden Online-Portalen (z. B. iBookstore von Apple oder Kindle von Amazon) zum Verkauf.

Einfach leicht ein Buch veröffentlichen: **www.tredition.de**

Eigene Buchreihe oder eigenen Verlag gründen

Seit 2009 bietet tredition sein Verlagskonzept auch als sogenanntes "White-Label" an. Das bedeutet, dass andere Unternehmen, Institutionen und Personen risikofrei und unkompliziert selbst zum Herausgeber von Büchern und Buchreihen unter eigener Marke werden können. tredition übernimmt dabei das komplette Herstellungs- und Distributionsrisiko.

Zahlreiche Zeitschriften-, Zeitungs- und Buchverlage, Universitäten, Forschungseinrichtungen u.v.m. nutzen diese Dienstleistung von tredition, um unter eigener Marke ohne Risiko Bücher zu verlegen.

Alle Informationen im Internet: **www.tredition.de/fuer-verlage**

tredition wurde mit mehreren Innovationspreisen ausgezeichnet, u. a. mit dem Webfuture Award und dem Innovationspreis der Buch Digitale.

tredition ist Mitglied im Börsenverein des Deutschen Buchhandels.

Dieses Werk elektronisch lesen

Dieses Werk ist Teil der Gutenberg-DE Edition DVD. Diese enthält das komplette Archiv des Projekt Gutenberg-DE. Die DVD ist im Internet erhältlich auf **http://gutenbergshop.abc.de**

FSC
www.fsc.org
MIX
Papier | Fördert
gute Waldnutzung
FSC® C083411

Zeitfracht Medien GmbH
Ferdinand-Jühlke-Straße 7
99095 Erfurt, Deutschland
produktsicherheit@kolibri360.de